Catherine Metzmeyer - Marc Vanenis

ZOE & THEO
spielen Mama und Papa
زوي وتيو يلعبون ماما و بابا

www.talisa-verlag.de

Aus dem Französischen ins Deutsche von Marie Irmer

Aus dem Deutschen ins Arabische von Fatima Najjari und Yasmin Jibril

Originaltitel „ZOÉ et THÉO jouent à papa et maman"
© Casterman, 2003

© TALISA Kinderbuch-Verlag, Langenhagen 2013
Alle Rechte vorbehalten.
Desktop Publishing, Projektleitung: Aylin Keller
Gesamtherstellung: fgb, Freiburg

Printed in Germany

www.talisa-verlag.de

ISBN 978-3-939619-32-1

Catherine Metzmeyer - Marc Vanenis

ZOE & THEO
spielen Mama und Papa

زوي وتيو يلعبون ماما و بابا

TALISA
KINDERBUCH-VERLAG
Zweisprachige Kinderbücher seit 2005

Es regnet. Theo langweilt sich: „Papa, spielst du mit mir Karten?"

انها تمطر. تيو يشعر بالملل: „بابا, أتلعب معي بالبطاقات؟"

„Gleich, Theo, ich bringe zuerst das Baby ins Bett. Aber schau doch, was deine Schwester macht."

„حالا, تيو, سأضع الطفل بالسرير. ولكن أنظر, ماذا تفعل أختك."

„Hey, Zoe! Warum läufst du mit deiner Decke und Mamas Schuhen herum?"

"زوي! لماذا تمشين مع الغطاء وحذاء أمي؟"

„Ich baue ein Haus für meine Puppen."
„Kann ich mitspielen?"

„انني أبني بيت لدمياتي."
„هل أستطيع اللعب معك؟"

"Sag, Zoe, was mache ich mit all diesen Kissen?"

"قولي, زوي, ماذا أفعل بكل هذه الوسائد؟"

„Du baust die Betten für all unsere Kinder."

„يمكنك بناء الأسرة لكل أطفالنا."

‚Und schon ist das Baby eingeschlafen', freut sich Papa.

"وهاهو الطفل قد نام"، الأب فرحا.

„Hör auf zu weinen, meine kleine Charlotte", flüstert Zoe. „Ich höre jemanden kommen."

„توقفي عن البكاء, صغيرتي شارلوت", تهمس زوي. „انني أسمع شخص قادم."

„Was ist das denn für ein Lager?", ruft Papa.
„Huhu, das ist unser Häuschen!"

„ماهذا الموقع؟" ينادي الأب.
„أهلا, انه بيتنا الصغير!"

„Guten Tag, der Herr, wollen Sie es besichtigen?", fragt Theo.

„يوما سعيدا سيدي. هل تود زيارتنا؟"، يسأل تيو.

„Guten Tag, die Dame, guten Tag, der Herr", sagt Papa höflich.

„يوما سعيدا سيدتي, يوما سعيدا سيدي", قال الأب بأدب.

„Ein wenig Kaffee?", bietet Theo ihm an.
„Pssst! Geht bitte raus ihr beiden, ihr weckt noch mein Baby auf", fleht Zoe.

„القليل من القهوة؟", يسأل تيو.

„الصمت! من فضلكما اذهبا أنتما الاثنين للخارج, ستوقظان طفلي", ترجو زوي.

„Auf Wiedersehen, die Dame. Es ist sehr schön bei Ihnen, aber ein wenig zu klein für mich", verkündet Papa.

„إلى اللقاء, سيدتي. من الجميل أن أكون هنا, ولكنه صغير قليلا بالنسبة لي", يصرح الأب.

"Warten Sie!", sagt Theo mit tiefer Stimme. „Ich habe eine gute Idee."

„انتظر يا سيدي!", صاح ثيو بصوت خشن.
„عندي فكرة جيدة."

„Jetzt, wo unsere Kinder schlafen, können wir zwei Papas Karten spielen!"

"الأن, و بينما أطفالنا نيام, نستطيع نحن الأبوان اللعب بالبطاقات!"